MEIN GROSSES BUCH ÜBER DEN REGENWALD

Moira Rose Donohue

NATIONAL GEOGRAPHIC KIDS

INHALT

KAPITEL 4

KAPITEL 5

EINLEITUNG

Dieses Buch stellt die Regenwälder unserer Erde vor und erkundet die Tiere, die dort leben. Es beantwortet spannende Fragen wie „Was ist ein Regenwald?“, „Wie viel regnet es im Regenwald?“ oder „Warum sind Pfeilgiftfrösche giftig?“. Auch in kühleren Regionen gibt es Regenwälder. Die meisten jedoch liegen in den Tropen, wo es das ganze Jahr über sehr warm ist. Die hier beschriebenen Tiere leben alle im tropischen Regenwald. Auf der Weltkarte am Ende des Buches kannst du die Heimat dieser Tiere nachschauen.

KAPITEL EINS richtet den Blick darauf, was einen Regenwald überhaupt zum Regenwald macht. Der junge Leser erfährt von den vier „Stockwerken“ dieses Ökosystems: Waldboden, Unterwuchs, Kronendach und Überständer. Außerdem lernt er einige fantastische Pflanzen des Regenwaldes kennen.

KAPITEL ZWEI nimmt das untere Stockwerk des Regenwaldes unter die Lupe: den Waldboden. Schlangen, Spinnen, Frösche, Mandrills und andere Lebewesen bewegen sich hier schlängelnd, krabbelnd, hüpfend oder laufend am Boden oder in Bodennähe.

KAPITEL DREI untersucht das zweite Stockwerk des Regenwaldes: den sogenannten Unterwuchs. Riesige Käfer, langzüngige Eidechsen und geschmeidige Jaguare werden in diesem Kapitel zum Beispiel betrachtet.

KAPITEL VIER beschreibt das dritte Stockwerk: das sog. Kronendach. Im Laub und Geäst der Bäume, das den Regenwald überspannt, sind Faultiere wie in Zeitlupe unterwegs, Lemuren hüpfen umher und Vögel mit riesigen Schnäbeln fliegen vorüber.

KAPITEL FÜNF beleuchtet das oberste Stockwerk des Regenwaldes: die sogenannten Überständer. Gewaltige Adler und farbenprächtige Schmetterlinge gleiten und flattern durch die allerhöchsten überstehenden Baumwipfel des Regenwaldes.

AUFBAU DIESES BUCHES

Farbige **FOTOGRAFIEN** auf jeder Seite machen die Texte besonders anschaulich.

MARKANTE ZUSATZINFOS zum Regenwald und seiner Tierwelt bereichern die Texte der einzelnen Abschnitte.

RAUE SCHUPPEN schützen den Körper der Greifschwanz-Lanzenotter vor STACHELIGEN ZWEIGEN.

KURZINFO

TIERART
Reptil

HEIMAT
Mittel- und nördliches Südamerika

GRÖSSE
Fast so lang wie eine Gitarre

NAHRUNG
Frösche, Echsen, kleine Vögel, Mäuse

LAUTE
Leises Schlürfen

NACHWUCHS
6 bis 20 lebende Junge pro Wurf

62

UNTERWUCHS

GREIFSCHWANZ-LANZENOTTER

Ihr Biss ist tödlich.

Die Greifschwanz-Lanzenotter ist gelb, grün, braun oder hellblau. Ihr Kopf ist dreieckig und die spitzen Schuppen im Gesicht wirken wie Wimpern. Auf Englisch heißt sie daher „Wimpern-Viper".

Die Greifschwanz-Lanzenotter BEISST die BEUTE mit ihren GIFTZÄHNEN tot.

Die Schlange windet sich um Bäume und Kletterpflanzen. Ihre auffällige Färbung lässt sie wie eine Pflanze oder Blume aussehen und dient ihr als Tarnung, wenn sie auf Beute lauert. Am liebsten frisst sie Kolibris.

Wie sind deine Wimpern – weich oder schuppig?

63

KURZINFO-KÄSTEN liefern einen raschen Überblick über die wichtigsten Fakten zum jeweiligen Tier: Art, Lebensraum, Größe, Nahrung, Laute und Anzahl des Nachwuchses.

INTERAKTIVE FRAGEN in jedem Abschnitt regen dazu an, sich über das entsprechende Thema auszutauschen.

FÜR ELTERN finden sich am Ende des Buches Tipps mit spaßigen Aktivitäten zum Thema Regenwald sowie ein nützliches Glossar.

KAPITEL 1

GRUNDWISSEN ZUM REGENWALD

Willkommen im Regenwald! Packe am besten deinen Regenschirm ein. In diesem Kapitel erfährst du, warum.

ES REGNET UND REGNET

Im **REGENWALD** fällt so gut wie **JEDEN TAG** Regen.

Tropf, tropf, tropf … und es regnet schon wieder!
Regenwälder sind Waldregionen, in denen es extrem viel regnet. Hier gedeihen üppige Pflanzen und Bäume mit vielen Blättern. Sie stehen dicht beieinander und bieten einer Vielzahl unterschiedlicher Tiere einen Lebensraum.

Manche Regenwälder wachsen in kühleren Gegenden entlang der Küsten. Man nennt sie gemäßigte Regenwälder.

Die meisten Regenwälder liegen in den Tropen in der Nähe des Äquators. Hier ist es das ganze Jahr über sehr warm. Sie heißen tropische Regenwälder oder Dschungel. Alle Tiere in diesem Buch leben in tropischen Regenwäldern.

Der **AMAZONAS-REGENWALD** in Südamerika ist der **GRÖSSTE** Regenwald der **ERDE.** Es ist ein **TROPISCHER WALD.**

STOCKWERKE IM REGENWALD

Das **OBERSTE STOCKWERK** nennt man **ÜBERSTÄNDER.** Gemeint sind die **WIPFEL DER HÖCHSTEN BÄUME,** die über das Kronendach hinausragen.

Der Regenwald lässt sich in vier Ebenen oder Stockwerke gliedern. Jedes Stockwerk bildet ein eigenes Biotop, in dem unterschiedliche Tiere beheimatet sind. Manche verbringen ihr gesamtes Leben in einem Stockwerk. Andere Tiere wiederum streifen bei ihrer Suche nach Nahrung durch verschiedene Ebenen oder Etagen.

Das **DRITTE STOCKWERK** bezeichnet man als **KRONENDACH.** Die **BLÄTTER** und **ÄSTE** der hohen Bäume überspannen den Regenwald wie gigantische grüne Regenschirme.

Das **ZWEITE STOCKWERK** ist der **UNTERWUCHS.** Auf dieser Ebene wachsen **KLEINERE BÄUME** und **KLETTER-PFLANZEN.**

Das **UNTERSTE STOCKWERK** ist der **WALDBODEN.** Er ist mit **WURZELN** und **VERROTTENDEN BLÄTTERN** bedeckt. Hier ist es dunkel und schattig, da die Bäume darüber das meiste Licht fernhalten. Mancherorts durchziehen Flüsse den Waldboden.

WUNDERVOLLE PFLANZEN

Ob riesig oder niedrig, mit großen oder kleinen Blättern … in den Regenwäldern gedeihen viele unterschiedliche Baumarten.

Moose, Farne und wunderschöne Blumen, Orchideen genannt, wachsen auf der Rinde vieler Bäume. Auch die tassenförmigen Bromelien wachsen hier. Wenn es regnet, füllen sie sich mit Wasser. Viele Tiere trinken aus diesen Gefäßen.

Die **RAFFLESIE** bringt die **GRÖSSTE BLÜTE DER WELT** hervor – größer als ein Autoreifen! Sie **WÄCHST** in den Regenwäldern Südostasiens.

Zahllose Kletterpflanzen ranken in den Regenwäldern. Dicke, hölzerne Lianen winden sich um die Stämme und Äste der Bäume.

KAPITEL 2

UNTERWEGS AM WALDBODEN

In diesem Kapitel begegnest du den Lebewesen, die im untersten Stockwerk des Regenwaldes leben.

KURZINFO

TIERART
Säugetier

HEIMAT
Westliches Zentralafrika

GRÖSSE
Halb so groß wie ein ausgewachsener Mensch

NAHRUNG
Früchte, Wurzeln, Insekten und Reptilien

LAUTE
Schreien, Brüllen, Grunzen

NACHWUCHS
Ein Junges pro Wurf

In seinen **BACKENTASCHEN** sammelt der Mandrill Futter als kleinen **SNACK** für später.

Was knabberst du am liebsten zwischendurch?

MANDRILL

Dieses bunte Wesen gehört zu den Affen.

Die Männchen sehen aus, als hätten sie ihr Gesicht für Fasching angemalt. Sie sind auffälliger gefärbt als die Weibchen.

Ein Mandrill läuft auf allen Vieren. Mit seinen langen Armen sucht er am Boden nach Früchten, Wurzeln und Kleintieren zum Fressen.

Mandrills verbringen die meiste Zeit am Waldboden. Zum Schlafen klettern sie auf Bäume. Manchmal suchen sie auch in den Bäumen nach Nahrung.

CAPYBARA

Das Capybara lebt an Teichen und Flüssen.

Das Capybara wird auch Wasserschwein genannt, da es einem Schwein ähnelt – ohne Rüssel und mit Fell. Verwandt ist es aber mit Ratte, Eichhörnchen und Hamster. Seine langen Schneidezähne wachsen ständig weiter.

Unter Wasser kann es bis zu **FÜNF MINUTEN** lang **DIE LUFT ANHALTEN.**

Mit seinen **SCHWIMMHÄUTEN** an den Füßen kann es gut **SCHWIMMEN** und **LAUFEN.**

KURZINFO

TIERART
Säugetier

HEIMAT
Südamerika

GRÖSSE
Vergleichbar mit einem großen Hund

NAHRUNG
Gras und Wasserpflanzen, ab und zu Melonen

LAUTE
Sanftes Wiehern, Quieken, Pfeifen

NACHWUCHS
Bis zu acht Junge pro Wurf

Wie kühlst du dich ab, wenn es heiß ist?

Zur Abkühlung verbringt das Capybara die heißen Tage häufig im Wasser. Dort versteckt es sich auch vor Feinden, die es fressen wollen, z. B. vor dem Jaguar.

GROSSE ANAKONDA

Diese Schlange hat ein großes Maul.

Ihre grünbraune Haut dient der Schlange als Tarnung, um sich im schlammigen Wasser zu verstecken. Dicht unter der Wasseroberfläche lauert sie auf ihre Beute.

Nach einer großen Mahlzeit kann die Anakonda **WOCHEN UND MONATE OHNE NAHRUNG** überleben.

Die Anakonda ist keine Giftschlange, sondern eine Würgeschlange. Sie packt das Beutetier fest mit dem Maul. Dann umschlingt sie die Beute und zerquetscht sie.

Die Große Anakonda **WIEGT** bis zu **250 KILOGRAMM.** Das ist etwa so viel wie **14** fünfjährige **KINDER!**

KURZINFO

TIERART
Reptil

HEIMAT
Nördliches Südamerika

GRÖSSE
Etwa so lang wie ein kleiner Lastwagen

NAHRUNG
Fische, Vögel, Wildschweine und andere Säugetiere

LAUTE
Zischen

NACHWUCHS
20 bis 40 lebende Junge pro Wurf

Anakondas sperren ihr Maul weit auf und verschlucken die Beute im Ganzen. Die Große Anakonda würgt sogar einen Jaguar oder ein Wildschwein herab!

Wie weit kannst du den Mund öffnen?

BLAUER PFEIL-GIFTFROSCH

Dieser kleine Frosch leuchtet am Boden wie ein Diamant.

Nach Meinung der Wissenschaftler **FRISST** der Pfeilgiftfrosch bestimmte **INSEKTEN**, die ihn **GIFTIG** machen.

Die auffällige Färbung des Blauen Pfeilgiftfrosches warnt die Raubtiere: *Fresst mich nicht, sonst wird es euch schlecht ergehen!* Seine Haut sondert nämlich ein starkes Gift ab, das für andere Tiere tödlich ist.

Dieser Pfeilgiftfrosch-**KAULQUAPPE** sind schon **BEINE GEWACHSEN,** aber sie hat auch noch einen **SCHWANZ.**

Das Froschweibchen legt seine Eier auf dem Waldboden ab. Daraus schlüpfen die Kaulquappen. Sie werden von Mutter und Vater in kleine Wasserbecken getragen, häufig in Bromelien.

KURZINFO

TIERART
Amphibie

HEIMAT
Südamerika

GRÖSSE
So lang wie ein Kinderfinger

NAHRUNG
Termiten, Ameisen und andere kleine Insekten

LAUTE
Zirpen und Brummen

NACHWUCHS
2 bis 6 Eier pro Gelege

Beim Heranwachsen verändert sich der Körper der Kaulquappe. Ihr Schwanz wird immer kürzer. Nach einigen Monaten sieht sie aus wie ein Frosch und klettert aus dem Wasser.

Kennst du ein anderes Tier mit solch kräftigen Farben?

GOLDENER PFEILGIFTFROSCH

Über 100 Arten von PFEILGIFT-FRÖSCHEN leben in den zentral- und südamerikanischen Regenwäldern. Hier eine kleine Auswahl:

GEPUNKTETER PFEILGIFTFROSCH

WALDBODEN

GRÜNSCHWARZER PFEILGIFTFROSCH

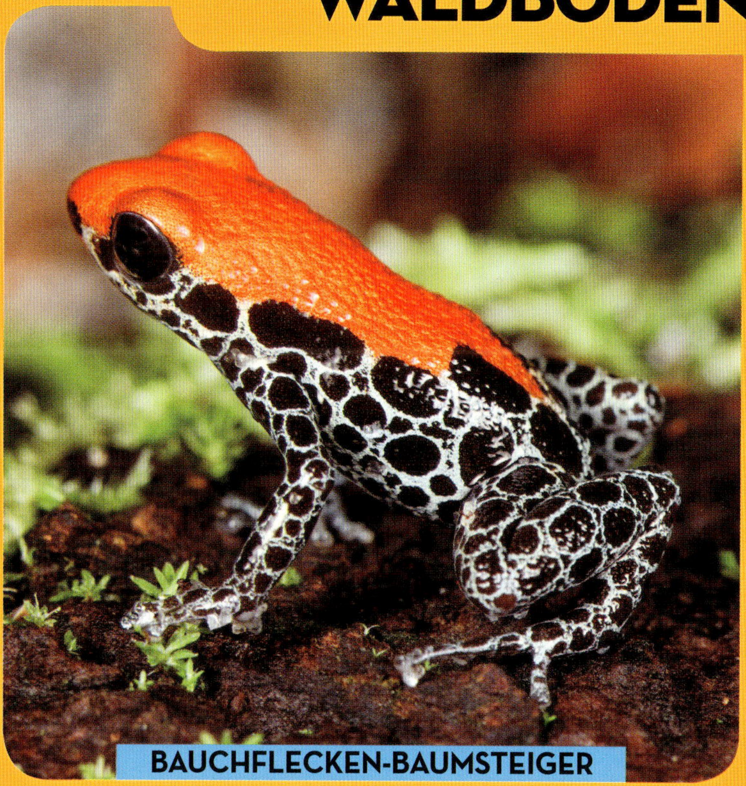
BAUCHFLECKEN-BAUMSTEIGER

ERDBEERFRÖSCHCHEN

GELBGEBÄNDERTER BAUMSTEIGER

AMAZONAS-FLUSSDELFIN

Der Amazonas-Flussdelfin ist zuerst grau und wird im Alter rosa.

Dieser Delfin **SCHWIMMT** manchmal mit dem **BAUCH NACH OBEN.**

Die meisten Delfinarten sind im salzigen Meerwasser zu Hause. Dieser Delfin jedoch lebt im Süßwasser des Amazonas und seiner Zuflüsse, die sich durch den Amazonas-Regenwald schlängeln.

Manche Amazonas-Flussdelfine sind bläulich grau, andere wiederum sind rosafarben. Ihre Färbung verstärkt sich bei Erregung.

KURZINFO

TIERART
Säugetier

HEIMAT
Südamerika

GRÖSSE
Etwa so lang wie ein Bett

NAHRUNG
Fische, Garnelen, Krebse

LAUTE
Brummen, Klickgeräusche

NACHWUCHS
Ein Junges pro Wurf

Amazonas-Flussdelfine knabbern mit ihrer langen, dünnen Schnauze die Krebse und andere Nahrung vom Flussboden auf.

Der Amazonas-Flussdelfin ist wie alle **DELFINE** auch ein **SÄUGETIER.** Zum **LUFTHOLEN** muss er aus dem Wasser auftauchen.

Fallen dir drei rosafarbene Dinge ein?

Mithilfe seiner langen **SCHNAUZE** kann der Tenrek auf dem Waldboden gut nach **NAHRUNG GRABEN.**

KURZINFO

TIERART
Säugetier

HEIMAT
Madagaskar, Afrika

GRÖSSE
Etwa so lang wie ein Buntstift

NAHRUNG
Würmer

LAUTE
Pfeifen, Grunzen, *Putt-Putt*-Geräusche

NACHWUCHS
2 bis 11 pro Wurf

Welches andere Tier hat schwarz-gelbe Streifen? Kleiner Tipp: Es summt.

GEMEINER STREIFEN-TENREK

Dieses kleine Tier ist mit spitzen Stacheln übersät.

Wenn sich ein Raubtier nähert, stellt der Tenrek die spitzen Stacheln um seinen Hals auf. Damit warnt er sein Gegenüber: *Komm mir bloß nicht zu nahe!* Wer die Warnung nicht ernst nimmt, wird womöglich aufgespießt. Manchmal schüttelt sich der Tenrek, sodass sich einige Stacheln lockern und im Angreifer stecken bleiben.

Der Gemeine Streifentenrek hat **SCHWARZE** und **GELBE STREIFEN** auf seinem Rücken.

Der Gemeine Streifentenrek besitzt einige spezielle Stacheln. Beim Aneinanderreiben erklingen Töne, die andere Tenreks hören.

FLACHLAND-TAPIR

Seine Nase ist extrem lang.

Das Fell des Flachlandtapir ist schwarz oder auch bräunlich grau. Vom Kopf über den Rücken verläuft eine kurze Mähne.

Mit seinem Nasenrüssel kann er erschnüffeln, wenn sich ihm ein Raubtier nähert. Außerdem zupft er damit die Blätter und Früchte von den Bäumen.

Kennst du ein anderes Tier, das seinen Rüssel zum Fressen benutzt?

KURZINFO

TIERART
Säugetier

HEIMAT
Südamerika

GRÖSSE
Etwa so groß wie ein fünfjähriges Kind

NAHRUNG
Früchte und Blätter

LAUTE
Kreischen, Klickgeräusche, Schnauben

NACHWUCHS
Ein Junges pro Wurf

WALDBODEN

BABY

PUNKTE und **STREIFEN** dienen dem **TAPIR-BABY** zwischen Blättern und Schatten als Tarnung und schützen es vor hungrigen Feinden.

AUSGEWACHSEN

HELM-KASUAR

Dieser große Vogel kann nicht fliegen.

Der Helmkasuar ist der zweitschwerste Vogel der Welt. Nur der Strauß wiegt mehr. Seine Flügel sind winzig. Genau wie der Strauß kann auch der Helmkasuar nicht fliegen.

KURZINFO

TIERART
Vogel

HEIMAT
Australien, Neuguinea

GRÖSSE
Aufgerichtet etwa so groß wie eine erwachsene Frau

NAHRUNG
Beeren, andere Früchte, Blätter

LAUTE
Knurren, Zischen, leises Röhren

NACHWUCHS
3 bis 7 Eier

Der Hals des Helmkasuars ist auffallend lang und bunt. Seinen Namen verdankt er der hohen, helmartigen Beule auf seinem Kopf.

WALDBODEN

Der Kasuar hat drei Zehen an jedem Fuß. Die lange, spitze Klaue an seinem Innenzeh nutzt er zum Kratzen und Kämpfen.

Das Weibchen legt grüne Eier, die das Männchen ausbrütet. Nach dem Schlüpfen kümmert sich der Vater neun Monate um den Nachwuchs.

Helmkasuare fressen Beeren und andere Früchte. Sie tragen die Samen der Früchte im Körper und verteilen sie mit ihrem Kot im Regenwald. Aus manchen Samen erwachsen neue Pflanzen.

BLATTSCHNEIDER-AMEISEN

Diese fleißigen Ameisen sind die Gärtner des Regenwaldes.

Blattschneiderameisen leben in einer großen Gruppe zusammen, Kolonie genannt. Die Kolonie baut ein unterirdisches Nest mit einem Labyrinth aus Tunneln.

Um die Ernährung ihrer Kolonie kümmern sich die Ameisen gemeinsam. Manche von ihnen ziehen durch den Wald auf der Suche nach Blättern und Blumen.

KURZINFO

TIERART
Insekt

HEIMAT
Mittel- und Südamerika

GRÖSSE
So lang wie das oben stehende Wort „HEIMAT“; Ameisenkönigin oft länger

NAHRUNG
Pilze

LAUTE
Schreien und Trommeln

NACHWUCHS
Mehrere Tausend Eier am Tag

Eine **KOLONIE** besteht aus **MILLIONEN** einzelner **AMEISEN.**

Sie tragen die **BLÄTTER AUF** ihren **RÜCKEN.** So halten sie sich auch vor **FRESS-FEINDEN** verborgen.

Jede **AMEISEN-KOLONIE** hat eine **KÖNIGIN.** Diese Königin **LEGT** als einzige Ameise der Kolonie die **EIER.**

Schnipp, schnapp ... Mit ihren starken Kiefern schneiden die Ameisen Blätter in große Stücke und schleppen sie auf ihrem Rücken zurück zum Bau. In einer langen Reihe marschieren sie hin und her.

Sie befördern die Blätter zu kleineren Blattschneiderameisen. Diese zerkauen die Blätter zu einem weichen Brei und bringen ihn zu einem speziellen Ort in ihrem Nest. Hier züchten die Blattschneiderameisen ihr Futter, eine Art Pilz.

Der Blätterbrei fördert das Wachstum des Pilzes, von dem sich alle Ameisen ernähren.

Wo hast du schon Ameisen gesehen?

GROSSER AMEISENBÄR

Er ist nach seiner Lieblingsmahlzeit benannt – Ameisen!

KURZINFO

TIERART
Säugetier

HEIMAT
Mittel- und Südamerika

GRÖSSE
Vergleichbar mit einem großen Hund

NAHRUNG
Ameisen und Termiten

LAUTE
Grunzen und Quieken

NACHWUCHS
Ein Junges pro Wurf

Der Große Ameisenbär **HAT KEINE ZÄHNE.** Er verschluckt seine Nahrung **IM GANZEN.**

Schnupper, schnupper ... Mit seinem langen, beweglichen Rüssel kann der Große Ameisenbär schon von Weitem Essbares erschnüffeln.

Wenn der Ameisenbär einen Ameisen- oder Termitenhügel aufgespürt hat, gräbt er mit seinen langen, scharfen Krallen eine Öffnung. Dann fährt er mit seiner klebrigen Zunge hinein, um an seine Beute zu gelangen. Rate einmal, wie viele Ameisen und Termiten der Große Ameisenbär täglich frisst? 35.000!

Der GROSSE Ameisenbär kann seine ZUNGE bis zu 60 cm weit aus seinem MAUL herausstrecken.

Der Große Ameisenbär läuft auf allen Vieren. Wenn er sich bedroht fühlt, stellt er sich auf seine Hinterbeine und schlägt mit den Vorderklauen um sich.

Diese Spinne ist so GROSS wie ein SUPPEN-TELLER.

KURZINFO

TIERART
Spinnentier

HEIMAT
Nördliches Südamerika

NAHRUNG
Kleine Säugetiere, Frösche, Eidechsen, Insekten

LAUTE
Zischen

NACHWUCHS
200 Eier pro Gelege

GRÖSSE
So groß ist diese Spinne.

FÜNFJÄHRIGES KIND

RIESEN-VOGELSPINNE

Sie ist die schwerste Spinne der Welt.

Die Riesenvogelspinne lebt in Erdlöchern am Boden des Regenwaldes. Sie zählt zu den Taranteln. Taranteln sind große, behaarte Spinnen. Wie alle Spinnen hat die Riesenvogelspinne acht Beine.

Diese Spinne besitzt acht Augen und kann trotzdem nicht gut sehen. Dank der vielen empfindlichen Härchen an ihren Beinen jedoch spürt sie Schwingungen, wenn sich ein Tier in der Nähe befindet. Blitzartig verlässt die Riesenvogelspinne dann ihr Versteck und stürzt sich auf die Beute.

Die Vogelspinne trägt ihren NAMEN, weil sie so GROSS ist, dass sie kleine VÖGEL fressen könnte. Sie frisst aber lieber Ratten, Mäuse und Insekten.

Hier siehst du weitere Spinnenarten, die in den **REGENWÄLDERN** beheimatet sind:

WANDERSPINNE (SÜDAMERIKA)

WOLFSSPINNE (SÜDAMERIKA)

GEMEINE VOGELSPINNE (SÜDAMERIKA)

FISCHERSPINNE (SÜDAMERIKA)

SPRINGSPINNE (ASIEN)

KRABBENSPINNE (SÜDAMERIKA)

Wo hast du schon Spinnennetze gesehen?

KAPITEL 3

LEBEN IM SCHATTIGEN UNTERWUCHS

Zwischen den kleinen Bäumen und rankenden Kletterpflanzen leben viele Tiere. In diesem Kapitel lernst du einige kennen.

BIENENELFE

Die Bienenelfe ist der kleinste Vogel der Welt.

Sie ist zwar winzig, aber unheimlich kräftig. Beim Fliegen schlagen ihre Flügel 80 Mal in der Sekunde – so schnell, dass wir Menschen die Bewegung der Flügel nicht sehen können.

Wie jeder Kolibri kann auch die Bienenelfe rückwärts, zur Seite und auf dem Rücken fliegen. Während sie süßen Nektar aus den Blüten saugt, kann sie durch Flügelschlagen in der Luft stehen bleiben.

Eine Bienenelfe kann täglich bis zu 1500 Blüten einen Besuch abstatten!

KURZINFO

TIERART
Vogel

HEIMAT
Kuba

NAHRUNG
Blütennektar und Insekten

LAUTE
Schrilles Zwitschern

NAHRUNG
2 Eier pro Gelege

GRÖSSE
So groß ist dieser Vogel:

HAND EINES FÜNFJÄHRIGEN KINDES

Die Bienenelfe benötigt als **NAHRUNG TÄGLICH** die Hälfte ihres **KÖRPERGEWICHTS.**

Dieser Kolibri trägt seinen **NAMEN,** da er etwa so **GROSS** ist wie eine **BIENE.**

Welches süße Getränk trinkst du gerne?

Dieser Käfer hat an den **SECHS BEINEN** sehr **SCHARFE KRALLEN,** mit denen er gut auf Bäume klettert.

Welche Tiere haben ebenfalls Streifen?

GOLIATHKÄFER

Dieses Insekt hilft mit beim Saubermachen des Regenwaldes.

Er übernimmt eine wichtige Aufgabe, indem er die verrottenden Pflanzen und Ausscheidungen anderer Tiere frisst. So bleibt der Wald sauber.

KURZINFO

TIERART
Insekt

HEIMAT
Afrika

GRÖSSE
Vergleichbar mit der Hand eines Mannes

NAHRUNG
Früchte, Baumsaft und Tierkot

LAUTE
Brummen wie ein Hubschrauber

NACHWUCHS
Rund 40 bis 60 Eier pro Gelege

Der Goliathkäfer ist der schwerste Käfer der Welt. Die obere Rückenpartie ist weiß gestreift. Mit seinen y-förmigen Hörnern kämpft das Männchen gegen andere männliche Goliathkäfer.

Wie die meisten Käfer besitzt er zwei Flügelpaare. Das obere Flügelpaar ist hart und schützt seinen Körper. Darunter liegt ein gefaltetes Flügelpaar zum Fliegen.

WICKELBÄR

Man nennt ihn auch Kinkaju oder Honigbär!

KURZINFO

TIERART
Säugetier

HEIMAT
Mittel- und Südamerika

GRÖSSE
Vergleichbar mit einer Hauskatze

NAHRUNG
Früchte, Honig und Insekten

LAUTE
Quieken, Kreischen und Bellen

NACHWUCHS
Ein oder zwei Junge pro Wurf

Tagsüber schläft der Wickelbär in den Bäumen des Unterwuchses und im Kronendach. Wenn es dunkel wird, erwacht er und sucht im Regenwald nach Nahrung.

Seinen langen, flauschigen **SCHWANZ** nutzt er beim **SCHLAFEN** als **DECKE.**

Wenn er **FRÖHLICH** ist, macht der Wickelbär ein lautes **KUSSGERÄUSCH.** Schmatz!

Mit seiner langen Zunge schlürft der Wickelbär Honig aus Bienenstöcken. Oder er hält süße Früchte zum Knabbern zwischen seinen Vorderpfoten.

Mit seinem langen Schwanz umgreift er die Äste und baumelt gerne daran. Seine Hinterpfoten sind so gelenkig, dass er rückwärts einen Baum hinauflaufen kann!

Welches Tier hängt auch gerne an seinem Schwanz?

PARSONS CHAMÄLEON

Diese farbige Echse sieht aus wie ein Mini-Dinosaurier.

Der Körper dieses Chamäleons ist lang und dünn. Weil es so schlank ist, kann es gut auf schmalen Ästen balancieren. Um sich festzuhalten, rollt es seinen langen Schwanz um einen Ast.

Seine **FÜSSE** sind wie **ZANGEN** geformt. So kann sich das Chamäleon gut an Äste **KLAMMERN.**

KURZINFO

TIERART
Reptil

HEIMAT
Madagaskar, eine Insel vor der Ostküste Afrikas

GRÖSSE
Vergleichbar mit einer kleinen Hauskatze

NAHRUNG
Insekten

LAUTE
Keine Laute bekannt

NACHWUCHS
20 bis 25 Eier pro Gelege

Das Chamäleon **WECHSELT** seine **FARBE,** um sich zu **KÜHLEN** oder zu **WÄRMEN.** Dazu braucht es nur **20 SEKUNDEN.**

Wie andere Chamäleons wechselt auch das Parsons Chamäleon die Farbe und Musterung seiner Haut. Es kann grün, braun oder sogar blau werden.

Das Parsons Chamäleon ist normalerweise langsam und ruhig. Wenn es aber ein Insekt erspäht, schießt es blitzschnell seine lange Zunge hervor. *Schnapp!* Mit der Zunge umschlingt es das Insekt und zieht den Leckerbissen in sein Maul.

Seine **ZUNGE** kann **DOPPELT SO LANG** wie der **KÖRPER** werden.

Die **KLEBRIGE ZUNGENSPITZE** hilft dem Chamäleon beim **BEUTEFANG.**

Welches andere Tier in diesem Buch hat eine sehr lange Zunge? Kleiner Tipp: Es frisst Ameisen.

ORCHIDEEN-MANTIS

Sie ist ein überaus trickreiches Insekt.

Die Orchideenmantis sieht einer Blüte verblüffend ähnlich. Die Hinterbeine sind wie Blütenblätter abgespreizt. Sie liegt zwischen Blättern und Blüten auf der Lauer. Wenn sich ein Falter oder eine Fliege nähert, schnappt sie die Beute mit den langen Fangarmen.

Eine Orchideenmantis lockt mehr Insekten an, als dies Blumen tun! Ihre Fressfeinde halten sie für eine Blume und lassen sie in Ruhe.

Die Orchideenmantis kann ihren **KOPF** so weit **DREHEN,** dass sie nach hinten blickt.

KURZINFOS

TIERART
Insekt

HEIMAT
Südostasien

GRÖSSE
Männchen sind etwa so groß wie ein Teelöffel; Weibchen sind größer

NAHRUNG
Falter, Grillen, andere Insekten

LAUTE
Zischen

NACHWUCHS
50 bis 100 Eier pro Gelege

Die Orchideenmantis zählt zu den **GOTTES-ANBETERINNEN**, die **WELTWEIT** verbreitet sind. Die Orchideenmantis lebt jedoch **NUR** im **REGENWALD.**

Kannst du so tun, als wärst du ein Tier?

RAUE SCHUPPEN schützen den Körper der Greifschwanz-Lanzenotter vor **STACHELIGEN ZWEIGEN.**

KURZINFO

TIERART
Reptil

HEIMAT
Mittel- und nördliches Südamerika

GRÖSSE
Fast so lang wie eine Gitarre

NAHRUNG
Frösche, Echsen, kleine Vögel, Mäuse

LAUTE
Leises Schlürfen

NACHWUCHS
6 bis 20 lebende Junge pro Wurf

GREIFSCHWANZ-LANZENOTTER

Ihr Biss ist tödlich.

Die Greifschwanz-Lanzenotter ist gelb, grün, braun oder hellblau. Ihr Kopf ist dreieckig und die spitzen Schuppen im Gesicht wirken wie Wimpern. Auf Englisch heißt sie daher „Wimpern-Viper".

Die Greifschwanz-Lanzenotter **BEISST** die **BEUTE** mit ihren **GIFTZÄHNEN** tot.

Die Schlange windet sich um Bäume und Kletterpflanzen. Ihre auffällige Färbung lässt sie wie eine Pflanze oder Blume aussehen und dient ihr als Tarnung, wenn sie auf Beute lauert. Am liebsten frisst sie Kolibris.

Wie sind deine Wimpern – weich oder schuppig?

JAGUAR

Diese Großkatze hat lauter Punkte.

Ein Jaguar ist schwer zu erkennen. Seine Punkte verschmelzen mit den Flecken von Licht und Schatten des Unterwuchses. So ist er gut getarnt, wenn er im Verborgenen auf seine Beute lauert.

Tagsüber schlummert der Jaguar im Baum. Erst bei Sonnenuntergang verlässt er sein schattiges Versteck. Lautlos kriecht er vorwärts. Sobald er seine Beute erspäht hat, stürzt er sich mit einem Satz auf sie. *Wumm!*

KURZINFO

TIERART
Säugetier

HEIMAT
Mittel- und Südamerika

GRÖSSE
Kann so lang wie ein Bett werden

NAHRUNG
Faultiere, Rehe, Affen, Vögel, Schildkröten, Frösche

LAUTE
Bellendes Gebrüll

NACHWUCHS
1 bis 4 Junge pro Wurf

Der Jaguar kann sehr gut **SCHWIMMEN.** Er **JAGT** im Wasser nach **FISCHEN** und **SCHILDKRÖTEN.**

Kennst du noch ein Tier mit Punkten?

Die Jaguar-**MUTTER BEWACHT** ihren **NACHWUCHS** vor anderen Tieren.

Die jungen Jaguare bleiben bei ihrer Mutter, bis sie etwa zwei Jahre alt sind. Sie bringt ihnen alles bei, was sie zum Überleben brauchen, z. B. das Jagen.

Viele Jaguare sind **ORANGE** oder **HELLBRAUN** mit **SCHWARZEN PUNKTEN.** Manche sind **SCHWARZ** und man sieht die Punkte kaum.

Jaguare sind nicht die einzigen Wildkatzen im Regenwald. Auch diese drei Arten von Wildkatzen sind dort zu Hause:

MARMORKATZE
Asien

OZELOT
Südamerika

JAGUARUNDI
Südamerika

KURZINFO

TIERART
Säugetier

HEIMAT
Philippinen, in Südostasien

GRÖSSE
Flügelspannweite vergleichbar mit der Länge einer Badewanne

NAHRUNG
Feigen und andere Früchte

LAUTE
Quieken und Kreischen

NACHWUCHS
Ein Junges pro Wurf

Fledertiere sind die **EINZIGEN SÄUGETIERE,** die **FLIEGEN** können.

GOLDKRONEN-FLUGHUND

Er gehört zu den Fledertieren.

Der Flughund **WICKELT SEINE FLÜGEL** um den Körper und ruht sich aus, **KOPFÜBER** am Ast hängend.

Flughunde heißen so, da ihre Gesichter an Hunde erinnern. Der Goldkronen-Flughund hat einen goldenen Pelzkranz um den Hals.

Tagsüber schläft der Flughund in Bäumen oder Höhlen. Bei Anbruch der Nacht fliegt er aus und sucht nach Früchten. Manchmal fliegt er über 30 Kilometer weit auf der Suche nach seinem Lieblingsobst – Feigen.

Welches Obst isst du am liebsten?

Junge Hoatzine haben **KRALLEN** an ihren **FLÜGEL-SPITZEN**. So können sie gut auf Äste **KLETTERN.**

Kennst du noch ein anderes Tier, das stinkt?

HOATZIN

Dieser Vogel wird auch Stinkvogel genannt.

KURZINFO

TIERART
Vogel

HEIMAT
Nördliches Südamerika

GRÖSSE
Vergleichbar mit einer Hauskatze

NAHRUNG
Blätter

LAUTE
Grunzen, Gurren und Zischen

NACHWUCHS
2 oder 3 Eier pro Gelege

Der Hoatzin frisst Blätter und braucht sehr lange für die Verdauung. Nach ein paar Tagen beginnen die Blätter in seinem Verdauungssystem zu stinken – und deshalb stinkt es auch, wenn der Hoatzin rülpst!

Der Hoatzin errichtet sein Nest in den Zweigen über dem Wasser. Wenn sich ein Affe oder eine Schlange hungrig dem Nest nähert, hüpfen die Küken ins Wasser. Sobald die Gefahr vorüber ist, schwimmen sie ans Ufer. Dann klet-tern sie wieder auf den Baum und in ihr Nest zurück.

GRÜNER LEGUAN

Er hat stachelige Schuppen am Rücken.

KURZINFO

TIERART
Reptil

HEIMAT
Mittel- und Südamerika

GRÖSSE
Länger als ein durchschnittlich großer Mann

NAHRUNG
Blätter, Blüten und Früchte

LAUTE
Fauchen, Quieken

NACHWUCHS
Bis zu 70 Eier pro Gelege

Der Grüne Leguan ist eine große Echse. Er ist jedoch nicht immer grün, sondern kann seine Farbe von Braun über Grün bis Türkis ändern.

Der Grüne Leguan kann sehen, wenn sich etwas über ihm bewegt, ohne nach oben zu schauen. Denn er besitzt ein drittes Auge auf seinem Scheitel. Dieses Auge unterscheidet sich von den beiden anderen. Damit nimmt er bewegende Schatten wahr und weiß, wann sich ein gefährlicher Fressfeind nähert.

Leguane legen ihre ledrigen **EIER** in Erdhöhlen. Mit einem **SPEZIELLEN ZAHN** brechen die Leguan-**BABYS** das Ei von innen auf.

Wird ein **GRÜNER** Leguan am **SCHWANZ** gefangen, kann er ihn abwerfen. Dann **WÄCHST** ein neuer Schwanz nach.

RAUBVÖGEL und Schlangen machen **JAGD** auf **LEGUANE.**

KAPITEL 4

IN DEN BLÄTTERN DES KRONENDACHS

In den schwindelerregenden Höhen des Regenwaldes wimmelt es von kletternden, krabbelnden und fliegenden Lebewesen. Dieses Kapitel handelt von Vögeln, Affen, Fröschen und weiteren Tieren, von denen du vielleicht noch nie gehört hast.

KURZINFO

TIERART
Vogel

HEIMAT
Mittel- und Südamerika

GRÖSSE
Etwa so lang wie ein Menschenbaby

NAHRUNG
Beeren, andere Früchte und Eier

LAUTE
Lautes Bellen, Krächzen und Hupen

NACHWUCHS
1 bis 5 Eier pro Gelege

Der **RIESENTUKAN** schlitzt mit seinem **SCHARFEN SCHNABEL** Bananenschalen auf. Der Schnabel ist am Rand **GEZACKT** wie eine Säge.

Wie viele Farben hat der Tukan auf dem Bild?

RIESENTUKAN

Sein Schnabel ist auffallend bunt.

Der Schnabel des Riesentukans sieht viel schwerer aus, als er ist. Das Innere ist nämlich hohl und mit Luft gefüllt. Mit dem langen Schnabel pflückt der Riesentukan Beeren oder Früchte von den Zweigen.

Tukane sind wahre **SPASSVÖGEL.** Sie **SPIELEN** und werfen sich **FRÜCHTE** zu!

Der Tukan hat vier Zehen an jedem Fuß – zwei zeigen nach vorne, zwei nach hinten. Damit hält er sich bei der Nahrungssuche auf den Zweigen im Gleichgewicht.

BRÜLL-AFFE

Er ist das lauteste Tier im Regenwald.

Eine **GRUPPE** von Affen nennt man auch **HORDE.**

Er brüllt, sobald er aufwacht. Und er brüllt, bevor er sich schlafen legt. Lautstark verkündet der Brüllaffe der Welt, wo er gerade ist – und dass andere Tiere sich besser von ihm fernhalten sollten!

Brüllaffen sind **BAUMBEWOHNER.** Sie kommen nur **MANCHMAL** zum **BODEN.**

Der Schrei eines Brüllaffen ähnelt dem eines Löwen – oder einem lang gezogenen, lauten Rülpser. Drei bis fast fünf Kilometer weit ist sein Gebrüll zu hören.

KURZINFO

TIERART
Säugetier

HEIMAT
Mittel- und Südamerika

GRÖSSE
Ohne Schwanz etwa so groß wie ein zweijähriges Kind

NAHRUNG
Blätter, Früchte, Nüsse und Blüten

LAUTE
Ohrenbetäubendes Gebrüll

NACHWUCHS
Ein Junges pro Wurf

Kennst du noch andere sehr laute Tiere?

Viele Arten von **AFFEN** leben im **KRONENDACH** oder **UNTERWUCHS** des **REGENWALDES.** Hier lernst du einige dieser Affenarten kennen:

NACHTAFFE (SÜDAMERIKA)

STUMMELAFFE (AFRIKA)

KLAMMERAFFE
(MITTEL- UND SÜDAMERIKA)

TOTENKOPFAFFE
(MITTEL- UND SÜDAMERIKA)

KAISERSCHNURRBART-
TAMARIN (SÜDAMERIKA)

KURZINFO

TIERART
Säugetier

HEIMAT
Australien, Indonesien und Neuguinea

GRÖSSE
Ohne Schwanz etwa so lang wie die Hand eines Erwachsenen

NAHRUNG
Nektar, Insekten und Baumsäfte

LAUTE
Bellen, Schnattern und Zwitschern

NACHWUCHS
1 oder 2 Junge pro Wurf

Gleitbeutler sind **BEUTELTIERE.** Wie die meisten Beuteltiere **TRAGEN** sie ihre **BABYS** in einem **BEUTEL.**

KURZKOPF-GLEITBEUTLER

Dieses Tier liebt alles, was süß schmeckt.

Kurzkopfgleitbeutler sind **NACHTAKTIV.** Sie **JAGEN** in der **NACHT** und schlafen tagsüber.

Auf Englisch heißt er Sugar Glider („Zucker-Gleiter"), denn er liebt süße Nahrung. Wenn er seine dünne, behaarte Haut an den Körperseiten zwischen Vorder- und Hinterfüßen ausstreckt, spannt sie sich zu Flügeln.

Tagsüber schläft der Kurzkopfgleitbeutler in einem Nest im Baum. Nachts segelt er durch die Bäume auf der Suche nach süßem Nektar und Baumsäften.

RAGGI-PARADIESVOGEL

Er tritt auf wie ein Bühnenstar!

Der männliche Raggi-Paradiesvogel hat einen hellgelben Kopf mit smaragdgrünen Federn um den Schnabel. Seine Schwanzfedern strahlen in prächtigem Orange.

WAU WAAUU WAAUUUU! Mit solchen Rufen lockt das Männchen die Weibchen heran. Dann schwellt es seine Brust. Es klatscht mit den Flügeln und plustert seinen Schwanz auf. Schließlich tänzelt das Männchen auf einem Ast vor und zurück.

KURZINFO

TIERART
Vogel

HEIMAT
Papua-Neuguinea

GRÖSSE
Vergleichbar mit einem Männerfuß

NAHRUNG
Beeren, andere Früchte und Eidechsen

LAUTE
Schreien und Trillern

NACHWUCHS
1 bis 2 Eier pro Gelege

Paradiesvogel-**KÜKEN** werden ohne **FEDERN GEBOREN.**

Bei manchen Paradiesvogelarten **HÄNGEN** sich die Männchen **KOPFÜBER** an einen Ast, um **WEIBCHEN ANZULOCKEN.**

Kannst du singen und tanzen zugleich?

SCHWARZWEISSER VARI

Auffällig ist sein weißer, flauschiger Kragen unter dem Kinn.

Der **VARI** ist mit dem **AFFEN** verwandt.

Schwarzweiße Varis hangeln sich von Baum zu Baum. Sie sind ständig auf der Suche nach Nektar oder Früchten zum Fressen.

Ihr Nest bauen sie oben in den Bäumen. Dort bringt die Vari-Mutter ihre Jungen zur Welt. Während sie das Nest verlässt, um Futter zu suchen, passt der Vari-Vater auf die Kleinen auf.

Varis gehören zur Gruppe der **LEMUREN.** Sie kommen in **FREIER WILDBAHN** nur auf Madagaskar vor, einer großen Insel vor der Ostküste **AFRIKAS.**

KRONENDACH

Nach ein bis zwei Wochen hebt die Vari-Mutter ihren Nachwuchs vorsichtig mit dem Maul aus dem Nest und setzt ihn auf nahe Äste.

KURZINFO

TIERART
Säugetier

HEIMAT
Madagaskar

GRÖSSE
Vergleichbar mit einer großen Hauskatze

NAHRUNG
Früchte, Samen, Blätter

LAUTE
Heulen, Kreischen, Brüllen

NACHWUCHS
2 oder 3 Junge pro Wurf

Kennst du noch andere schwarz-weiße Tiere?

DREIFINGER-FAULTIER

Es bewegt sich langsam und verschläft fast den ganzen Tag.

Ein Faultier verbringt beinahe sein ganzes **LEBEN** auf **BÄUMEN.** Nur etwa **EINMAL PRO WOCHE** kommt es auf den Boden – für seinen „Toilettengang".

Das Dreifinger-Faultier hängt häufig an den Ästen. Oft baumelt es mit dem Kopf nach unten.

KURZINFO

TIERART
Säugetier

HEIMAT
Mittel- und Südamerika

GRÖSSE
Vergleichbar mit einem mittelgroßen Hund

NAHRUNG
Blätter, junge Triebe und Früchte

LAUTE
Aiii-Aiii- Laute

NACHWUCHS
Ein Junges pro Wurf

Kennst du noch ein Tier, das sich sehr langsam bewegt?

Das Faultier kann gut **SCWIMMEN.** Wenn es versehentlich von einem Baum ins Wasser **FÄLLT, SCHWIMMT** es ans Ufer und klettert auf den nächsten Baum.

Wie in Zeitlupe bewegt sich das Faultier in den Bäumen und kaut auf saftigen Blättern. Wenn es völlig unbeweglich ist, weiß man nicht, ob es gerade schläft!

Winzige pflanzenähnliche Lebewesen, Grünalgen genannt, wachsen im Fell des Dreifinger-Faultiers. Daher hat es eine grünliche Farbe. Die Grünalge dient dem Faultier als Tarnung im Wald, um sich vor Fressfeinden zu verbergen.

JAGUARE und HARPYIEN bevorzugen Faultiere zum **FRESSEN.**

Faultiere haben lange, gebogene Krallen an ihren Zehen. Damit können sie zwar gut an Bäumen hängen, doch Laufen ist unmöglich. Am Waldboden ziehen sich die Dreifinger-Faultiere auf dem Bauch liegend vorwärts.

KURZINFO

TIERART
Säugetier

HEIMAT
Indonesien und
und die Philippinen
in Südostasien

GRÖSSE
Vergleichbar mit einer
Männerhand

NAHRUNG
Insekten, Spinnen und
Eidechsen

LAUTE
Zirpen, Trillern und
lautes Rufen

NACHWUCHS
Ein Junges pro Wurf

Mit seinem langen **SCHWANZ** hält er das **GLEICHGEWICHT** und **LENKT,** wenn er in den **BÄUMEN** springt.

Wie weit kannst du deinen Kopf drehen?

KOBOLD-MAKI

Der winzige Maki hat riesige Augen.

Der Koboldmaki jagt in der Nacht. Mit seinen großen Augen sieht er im Dunkeln sehr gut. Er kann seinen Kopf so drehen, dass er fast komplett hinter sich blickt. Hat er ein Insekt oder ein anderes Beutetier erspäht, dann stürzt er sich darauf und packt es mit beiden Händen.

Mit seinen langen, kräftigen Hinterbeinen springt der Koboldmaki wild zwischen den Bäumen umher. Seine geriffelten Haftballen an Finger- und Zehenspitzen ermöglichen es, sich gut an den Baumstämmen festzuklammern.

Dieses Tier kann mit jedem **OHR** einzeln **WACKELN**.

ORANG-UTAN

Fast sein gesamtes Leben verbringt er hoch oben in den Bäumen.

Der Orang-Utan hat ein zotteliges Fell und lange Arme. Er durchwandert sein Leben lang den Regenwald. Dabei läuft er die Baumstämme hinauf und schwingt sich mit seinen kräftigen Armen von Ast zu Ast.

Vor Anbruch der Nacht biegt der Orang-Utan einige Zweige herab und baut sich ein bequemes Nest. Selten nutzt er ein Nest zweimal.

KURZINFO

TIERART
Säugetier

HEIMAT
Indonesien und Malaysia in Südostasien

GRÖSSE
So klein wie ein zehnjähriges Kind oder so groß wie ein durchschnittlich großer Mann

NAHRUNG
Früchte, Blätter und Insekten

LAUTE
Knurren, Heulen, Dröhnen

NACHWUCHS
1 Junges alle fünf bis acht Jahre

Der Name „Orang-Utan“ bedeutet **„WALDMENSCH“** in der **MALAIISCHEN** Sprache.

Aufgrund seiner **FARBE** nennt man im Englischen den Orang-Utan auch Red Ape, **ROTER AFFE.**

Bei **REGEN** hält sich der Orang-Utan manchmal ein **GROSSES BLATT** über den Kopf – so wie wir Menschen den **REGEN-SCHIRM.**

Ab und zu **BAUT** sich der Orang-Utan auch am Tage ein **NEST,** um ein kleines **SCHLÄFCHEN** zu halten.

Das neugeborene Orang-Utan-Baby klammert sich am Bauch seiner Mutter fest. Später reitet es auf ihrem Rücken.

Selbst wenn sie alleine klettern können, bleiben junge Orang-Utans bei ihren Müttern. Erst im Alter von sechs oder sieben Jahren gehen sie ihren eigenen Weg.

Welche Tiere deiner Umgebung leben auf dem Baum?

GRÜNE HUNDSKOPF-BOA

Sie ist so grün wie ein Smaragd.

Die Grüne Hundskopfboa schlüpft durch das Kronendach des Regenwaldes und schlingt sich um die hohen Äste. Sie trinkt von dem Wasser, das sich bei Regen zwischen ihren Schlingen sammelt.

Wie die Große Anakonda (siehe Seite 22) ist auch die Grüne Hundskopfboa eine Würgeschlange. Wenn sie eine Echse oder ein kleines Säugetier entdeckt hat, stürzt sie sich darauf. Sie umschlingt das Tier und erwürgt es. Dann schlingt sie es herunter.

KURZINFO

TIERART
Reptil

HEIMAT
Südamerika

GRÖSSE
Länger als ein erwachsener Mann

NAHRUNG
Echsen, Eichhörnchen und Affen

LAUTE
Der Wissenschaft sind keine Laute bekannt.

NACHWUCHS
Bis zu 20 lebende Junge pro Wurf

WÜRGE-SCHLANGEN können sehr gut die **BEWEGUNGEN** anderer Tiere spüren.

Die Grünen Hundskopfboas sind bei der Geburt meist **ZIEGELROT,** manchmal gelb oder orange. Beim Heranwachsen werden sie alle **STRAHLEND GRÜN.**

Baumkängurus sind **NACHTAKTIV.** Sie suchen **NACHTS** nach **FUTTER** und **SCHLAFEN** am **TAG.**

KURZINFO

TIERART
Säugetier

HEIMAT
Neuguinea, Indonesien, Australien

GRÖSSE
Vergleichbar mit einem mittelgroßen Hund

NAHRUNG
Blätter und Früchte

LAUTE
Klick- und Hustengeräusche

NACHWUCHS
Ein Junges pro Jahr

Das Baumkänguru **KLETTERT** mit dem **SCHWANZ** nach unten vom Baum.

BAUM-KÄNGURU

Es hat ein dichtes, flauschiges Fell.

Die meisten Kängurus hüpfen am Boden umher. Manche leben aber auf Bäumen. Man nennt sie Baumkängurus. Ihre Vorderpfoten sind kräftiger als die der Kängurus, die am Boden leben. So können sie gut in den Bäumen klettern.

Wie alle Kängurus sind auch Baumkängurus Beuteltiere. Die Mütter tragen ihre Babys in einem Beutel.

„JOEY" heißen in Australien die Känguru-**BABYS.**

Findest du noch ein anderes Beuteltier in diesem Buch? Kleiner Tipp: Blättere zurück zu Seite 82.

Dieser große Vogel **PICKT** sein **FUTTER** mit dem langen, gebogenen Schnabel auf.

KURZINFO

TIERART
Vogel

HEIMAT
Südostasien

GRÖSSE
Etwa so lang wie ein dreijähriges Kind

NAHRUNG
Meist Früchte, auch Insekten, Eidechsen und Frösche

LAUTE
Hok-Hok-Rufe

NACHWUCHS
1 oder 2 Eier pro Gelege

RHINOZEROS-VOGEL

Sein „Horn“ auf dem Schnabel erinnert an ein Rhinozeros.

Im **FLUG** erzeugen die großen Flügel des Rhinozerosvogels **LAUTES RAUSCHEN.**

Der Rhinozerosvogel fliegt im Kronendach umher, immer auf der Suche nach essbaren Früchten.

Zur Eiablage sucht das Weibchen ein Loch in einem Baum. Es setzt sich hinein und legt ein bis zwei Eier. Dann verschließt es den Zugang mit Schlamm, den das Männchen herbeibringt. Nur ein Guckloch bleibt zum Füttern frei.

Wenn die Küken ein paar Monate alt sind, pickt die Vogelmutter den Ausgang zum Nest auf. Vater und Mutter füttern den Nachwuchs.

KURZINFO

TIERART
Amphibie

HEIMAT
Mexiko und Mittelamerika

GRÖSSE
Etwa so lang wie der Zeigefinger eines Erwachsenen

NAHRUNG
Insekten

LAUTE
Bellen und Quaken

NACHWUCHS
Hunderte Eier pro Gelege

Welche Farbe haben deine Augen?

ROTAUGEN-LAUBFROSCH

Er hat orangefarbene Füße und blau gemusterte Beine.

Während der Nacht hüpft und krabbelt der Rotaugenlaubfrosch durch die Baumkronen und sucht Nahrung. Er fängt Insekten mit seiner langen, klebrigen Zunge.

Der Rotaugenlaubfrosch hat **HAFTSCHEIBEN** an seinen **ZEHEN,** die sich wie **SAUGNÄPFE** an Blättern und Zweigen festsaugen.

Tagsüber schläft dieser Frosch auf grünen Blättern. Seine auffallend gefärbten Füße schiebt er unter den Körper, damit er von hungrigen Vögeln und Schlangen nicht entdeckt wird.

KAPITEL 5

HÖHENFLÜGE INMITTEN DER BAUMRIESEN

In diesem Kapitel werden dir Tiere begegnen, die zwischen den höchsten Baumwipfeln des Regenwaldes zu Hause sind.

KURZINFO

TIERART
Vogel

HEIMAT
Mittel- und Südamerika

NAHRUNG
Echsen, Vögel, Affen, Faultiere und andere Säugetiere

LAUTE
Heulen, Krächzen, Pfeifen

NACHWUCHS
1 oder 2 Eier pro Gelege

GRÖSSE
So groß ist eine Harpyie:

FÜNFJÄHRIGES KIND

Die **KRALLEN** dieses Vogels sind größer als die eines **GRIZZLY-BÄREN.**

HARPYIE

Dieser Greifvogel hat exzellente Augen.

Die riesige Harpyie errichtet ihren Horst in den höchsten Bäumen des Regenwaldes. Von hier aus späht sie nach Beute. Wenn sie einen Leguan, Affen oder ein Faultier entdeckt, schießt sie nach unten und packt mit ihren großen, scharfen Krallen zu.

Männchen und Weibchen bleiben sich gewöhnlich ihr Leben lang treu. Sie bauen ein riesiges Nest, in dem zwei ausgewachsene Männer Platz hätten!

Kennst du noch andere Greifvögel? Kleiner Tipp: Denke an das deutsche Wappentier.

KÖNIGIN-ALEXANDRA-VOGELFALTER

Hier siehst du den größten Schmetterling der Welt.

MÄNNCHEN

Dieser wunderschöne Schmetterling flattert inmitten der höchsten Baumwipfel des Regenwaldes.

Das Männchen sieht ganz anders aus als das Weibchen. Seine Flügeloberseite schimmert blaugrün, die Unterseite ist blau und gelb. Die Flügel des Weibchens sind meist braun.

Das **WEIBCHEN** ist **GRÖSSER** als das Männchen. Seine **FLÜGELSPANNWEITE** ist breiter als dieses aufgeklappte Buch!

WEIBCHEN

KURZINFO

TIERART
Insekt

HEIMAT
Papua-Neuguinea

NAHRUNG
Die Raupe frisst Blätter; der ausgewachsene Schmetterling ernährt sich von Blütennektar.

LAUTE
Nur Geräusch des Flügelschlagens

NACHWUCHS
Etwa 15 bis 20 Eier pro Gelege

GRÖSSE
So groß ist ein Vogelfalter-Weibchen:

FÜNFJÄHRIGES KIND

Wie groß sind die Schmetterlinge in deiner Heimat?

TAUSENDE von verschiedene **SCHMETTER-LINGSARTEN** leben **WELTWEIT** in den Regenwäldern. Hier ist eine kleine Auswahl:

BLAUER MORPHOFALTER (MITTEL- UND SÜDAMERIKA)

ÜBERSTÄNDER

RHETUS PERIANDER
(SÜDAMERIKA)

POSTBOTE
(MITTEL- UND SÜDAMERIKA)

CRESSIDA CRESSIDA (AUSTRALIEN)

MARPESIA PETREUS
(MITTEL- UND SÜDAMERIKA)

GELBBRUST-ARA

Dieser große Vogel macht enorm viel Lärm.

Der Gelbbrustara ist ein sehr geschwätziger Vogel. Kreischend und krächzend unterhält er sich mit seinen Artgenossen.

Tagsüber fliegt der Gelbbrustara von Baum zu Baum und sucht hungrig nach Früchten und Nüssen. Mit seinem kräftigen Schnabel knackt er harte Nüsse auf.

KURZINFO

TIERART
Vogel

HEIMAT
Mittel- und Südamerika

GRÖSSE
Länger als ein zweijähriges Kind

NAHRUNG
Samen, Nüsse und Früchte

LAUTE
Schreien und Kreischen

NACHWUCHS
2 oder 3 Eier pro Gelege

Der Ara kann mit seinen Krallen die Nahrung **AUFKLAUBEN** und sich in den **SCHNABEL** stecken.

Der Ara kann die **LAUTE** anderer Tiere **NACHAHMEN.**

ARAS sind eine **PAPAGEIENART.** Hier sind weitere Papageien, die im **KRONENDACH** und in den **ÜBERSTÄNDERN** des **REGENWALDES** beheimatet sind:

HELLROTER ARA (MITTEL- UND SÜDAMERIKA)

ÜBERSTÄNDER

ALLFARBLORI (AUSTRALIEN)

GROSSER SOLDATENARA
(MITTEL- UND SÜDAMERIKA)

GRAUPAPAGEI (AFRIKA)

HYAZINTH-ARA (SÜDAMERIKA)

10 COOLE FAKTEN ÜBER DEN REGENWALD!

1
In den meisten **REGENWÄLDERN** fallen mindestens **2500 MILLIMETER REGEN** pro Jahr.

2
Die meisten Regenwälder der Erde liegen in den **TROPEN,** also in der **NÄHE DES ÄQUATORS.** Dort ist es das ganze Jahr **SEHR WARM.**

3
Der Regenwald hat **VIER STOCKWERKE:** Waldboden, Unterwuchs, Kronendach und Überständer.

4
Regenwälder sind die **HEIMAT** von etwa der Hälfte aller **PFLANZEN-** und **TIERARTEN** der Erde.

5
Der **KLEINSTE VOGEL DER WELT** lebt im Regenwald.

7

Viele Obstsorten, die wir essen, wie **BANANEN, ORANGEN** oder **ANANAS,** stammen **URSPRÜNGLICH** aus dem Regenwald.

8

SCHOKOLADE wird aus den **SAMEN** („Bohnen“) des **KAKAOBAUMS** gemacht. Dieser wurde zuerst in den **REGENWÄLDERN** Mittel- und Südamerikas entdeckt.

6

Der **GRÖSSTE SCHMETTERLING** ist im **REGENWALD** zu Hause.

9

Nicht alle Regenwälder sind tropisch. Die sogenannten **GEMÄSSIGTEN** Regenwälder liegen in den **KÜHLEREN REGIONEN** der Erde. Die **BÄUME** und **TIERE** dort **UNTERSCHEIDEN** sich von denen der tropischen Regenwälder.

10

Die Regenwälder der Erde sind ganz **BESONDERE ORTE.** Sie bieten zahllosen Tieren und Pflanzen einen Lebensraum. Deshalb ist es wichtig, Regenwälder zu **SCHÜTZEN** und **GESUND** zu halten. Du kannst **MITHELFEN!** Berichte deinen Freunden, was du über Regenwälder, ihre Pflanzen und Tiere erfahren hast.

ELTERN-TIPPS

Erweitern Sie das Wissen Ihres Kindes über dieses Buch hinaus. Machen Sie einen Spaziergang im Wald oder Park in der Nähe. Zeigen Sie auf die höchsten Bäume. Dann betrachten Sie die kleineren Bäume und Pflanzen. Sprechen Sie darüber, wie verschieden die Blätter sind. Halten Sie nach Vögeln, Insekten und anderen Tieren Ausschau. Wenn Sie ein Tier entdecken, dass sich gefahrlos beobachten lässt, finden Sie heraus, wie sich sein spezieller Körper dem Lebensraum angepasst hat. Hier sind noch weitere Ideen:

BESUCH IM ZOO (BEOBACHTEN)

In vielen Zoos gibt es auch Tiere des Regenwaldes. Vielleicht haben Sie die Chance, in Ihrer Nähe oder im Urlaub einen solchen Zoo zu besuchen. Ihr Kind könnte beschreiben, wie sich Luftfeuchtigkeit auf seiner Haut anfühlt. Erkunden Sie den Waldboden nach Insekten und anderen Tieren. Werden auch Unterwuchs und Kronendach gezeigt, sollte Ihr Kind auch dort Tiere ausfindig machen.

WER IST WIE GROSS? (RECHNEN)

Breiten Sie eine Papierrolle aus, die länger ist als Ihr Kind. Nun soll es sich auf das Papier legen. Zeichnen Sie die Umrisse seines Körpers nach. Messen Sie seine Größe auf dem Papier mit einem Zollstock oder Maßband und notieren Sie die Größe auf dem Papier. Wählen Sie sechs bis sieben Tiere aus diesem Buch. Zeichnen Sie auf dem Papier auch die Größen dieser Tiere ein.

BRÜLLEN WIE EIN BRÜLLAFFE (LAUTE)

Brüll! Kreisch! Zisch! Rülps! Die Tiere des Regenwaldes sind zum Teil echte Schreihälse. Lassen Sie Ihr Kind ein paar Tiere auswählen. Lesen Sie nach, welche Laute sie von sich geben. Suchen Sie im Internet nach Tonaufnahmen der jeweiligen Tierlaute. Nun kann Ihr Kind die Tierlaute nachahmen. Machen Sie ruhig mit!

EINE REGENWALD-COLLAGE BASTELN (KREATIVITÄT)

Basteln Sie mit Ihrem Kind eine bunte Regenwald-Collage. Dazu suchen Sie Fotos von Bäumen in Zeitschriften oder schneiden Sie aus Pappkarton Bäume und Blätter aus. Kleben Sie die Teile auf einen großen Karton. Nun kleben Sie Tierbilder oder -zeichnungen von Affen, Vögeln oder Schlangen darüber. Für den Regen eignet sich Glitzerkleber.

KRIECHEN WIE DIE SCHLANGE (BEWEGUNG)

Die Tiere in diesem Buch bewegen sich unterschiedlich fort. Ihr Kind kann die Fortbewegung verschiedener Tiere nachahmen: wie eine Schlange am Boden kriechen, wie Schmetterlinge mit den Armen flattern oder wie ein Frosch hüpfen. Es kann wie ein Chamäleon seine Zunge ausfahren oder sich wie ein Faultier in Zeitlupe fortbewegen.

SCHILLERNDER REGENBOGEN (FARBEN)

Viele Tiere des Regenwaldes haben prächtige Farben. Suchen Sie ein großes Bild von einem Regenbogen. Achten Sie auf seine sieben Farben: Rot, Orange, Gelb, Grün, Blau, Indigo und Violett. Dann betrachten Sie mit Ihrem Kind die Bilder in diesem Buch. Helfen Sie ihm dabei, die Tiere zu finden, die eine dieser Regenbogenfarben haben.

TIER-WELTKARTE

Diese Weltkarte zeigt, auf welchen Kontinenten die Tiere in diesem Buch in freier Wildbahn leben.

NORD- UND MITTEL-AMERIKA

Bienenelfe
Gelbbrustara
Capybara
Greifschwanz-Lanzenotter
Großer Ameisenbär
Grüner Leguan
Harpyie
Brüllaffe
Jaguar
Wickelbär
Blattschneiderameise
Rotaugenlaubfrosch
Dreifinger-Faultier

SÜD-AMERIKA

Amazonas-Flussdelfin
Blauer Pfeilgiftfrosch
Gelbbrustara
Capybara
Grüne Hundskopfboa
Greifschwanz-Lanzenotter
Großer Ameisenbär
Riesenvogelspinne
Große Anakonda
Grüner Leguan
Harpyie
Hoatzin
Brüllaffe
Jaguar
Wickelbär
Blattschneiderameise
Flachland-Tapir
Dreifinger-Faultier
Riesentukan

WELTKARTE

ASIEN

Goldkronen-Flughund
Orang-Utan
Orchideenmantis
Rhinozerosvogel
Koboldmaki

AFRIKA

Schwarzweißer Vari
Goliath-Käfer
Gemeiner Streifen-Tenrek
Mandrill
Parsons Chamäleon

AUSTRALIEN UND OZEANIEN

Königin-Alexandra-Vogelfalter
Raggi-Paradiesvogel
Helmkasuar
Kurzkopfgleitbeutler
Baumkänguru

GLOSSAR

AMPHIBIEN: Gruppe wechselwarmer Wirbeltiere (mit Wirbelsäule); manche Arten verbringen eine Zeit als Larve im Wasser, sie atmen durch Kiemen; dazu zählen u. a. Frösche, Kröten und Salamander.

ÄQUATOR: Eine gedachte Linie um die Erde; sie teilt unseren Planeten in die Nordhalbkugel und die Südhalbkugel.

BEUTETIERE: Tiere, die von einem anderen Tier (Raubtier) gejagt und gefressen werden.

BEUTELTIERE: Unterklasse der Säugetiere; Weibchen tragen ihre Babys in einem Beutel am Bauch.

BROMELIE: Blütenpflanze; wächst auf Bäumen und in Regenwäldern.

DSCHUNGEL: Tropischer Wald.

INSEKTEN: Klasse kleiner wirbelloser Gliederfüßer; Körper besteht aus drei Abschnitten mit einem Antennenpaar und drei Beinpaaren; haben häufig Flügel.

LIANE: Dicke, verholzende Kletterpflanze; wächst in Regenwäldern.

NACHTAKTIV: Nachts wach und tagsüber schlafend.

PILZE: Lebewesen; weder Pflanze noch Tier oder Bakterie; dazu zählen Schimmel, Mehltau, Hefe, Speise- und Giftpilze; Blattschneiderameisen bauen Pilze an, von denen sie sich ernähren.

RAUBTIERE: Tiere, die andere Tiere (Beutetiere) jagen und fressen.

REPTILIEN: Klasse wechselwarmer Wirbeltiere; meist winden sie sich am Boden vorwärts (wie Schlangen) oder laufen auf kurzen Beinen (u. a. Schildkröten, Eidechsen); ihre Körper sind mit Schuppen bzw. Hornplatten bedeckt.

SÄUGETIERE: Klasse gleichwarmer Wirbeltiere, darunter der Mensch; sie atmen Sauerstoff, sind behaart und säugen ihren Nachwuchs.

SPINNENTIERE: Klasse wirbelloser Gliederfüßer; Körper besteht aus zwei Abschnitten mit zwei bis vier Beinpaaren; dazu zählen Spinnen, Skorpione, Milben und Zecken.

TROPEN: Heiße, frostfreie Region bzw. Klimazone auf der Erde.

VÖGEL: Klasse gleichwarmer Wirbeltiere mit Federn und Flügeln; sie legen Eier; die meisten sind flugfähig.

VERDAUUNGSSYSTEM: Zusammenspiel mehrerer Körperorgane (Magen u. a.), die Nahrung in Energie umwandeln.

WIRBELLOSE: Tiere ohne Wirbelsäule.

WIRBELTIERE: Tiere mit Wirbelsäule.

WEITERE QUELLEN

BÜCHER

Hughes, Catherine D., *Mein großes Buch der Tiere,* National Geographic, 2017.

Hughes, Catherine D., *Mein großes Buch der Insekten,* National Geographic, 2017.

Herbert Howell, Catherine, *Alles über Reptilien,* National Geographic, 2018.

WEBSEITEN

kids.mongabay.com

natgeokids.com/explore/nature/habitats/rain-forest

INDEX

Fettdruck verweist auf Bilder.

Bildnachweise

GI: Getty Images; MP: Minden Pictures; NGC: National Geographic Creative

Umschlag, Klein and Hubert/MP; Buchrücken, Dennis Jacobsen/Shutterstock; Umschlag Rückseite, Matteo Colombo/GI (oben); apoplexia/123RF (unten); 1, Thomas Marent/MP; 2-3, Suzi Eszterhas/MP, 4 (oben rechts), Michael D. Kern/NPL/MP; 5 (unten), Winfried Wisniewski/MP; 5 (oben links), Michael and Patricia Fogden/MP; 5 (oben rechts), Ariadne Van Zandbergen/GI; 8-9, Ippei Naoi/GI; 10, Darlyne A. Murawski/NGC; 11 (unten), Michael Durham/MP; 11 (oben), Westend61/GI; 12 (rechts), simonlong/GI; 12 (links), oceanbounddb/GI; 13 (links), Pete Oxford/MP; 13 (rechts), Jared Hobbs/GI; 14, Tui De Roy/MP; 15 (unten), Thomas Marent/MP; 15 (links), Alexander Mazurkevich/Shutterstock; 15 (oben), Zzvet/GI; 16-17, Sergio Pitamitz/NGC; 18, Anup Shah/GI; 19, Thomas Marent/MP; 20 (links), Danita Delimont/GI; 20 (rechts), SutidaS/GI; 21, Luciano Candisani/MP; 22, Tony Crocetta/Biosphoto/MP; 23 (unten), Murray Cooper/MP; 23 (oben), Ingo Arndt/MP; 24, George Grall/NGC; 25, George Grall/NGC; 26 (unten), Thomas Marent/MP; 26 (oben), Aleksey Stemmer/Shutterstock; 27 (oben rechts), Thomas Marent/MP; 27 (unten rechts), Kitchin and Hurst/GI; 27 (oben links), worldswildlifewonders/Shutterstock; 27 (unten links), Panoramic Images/GI; 28, Kevin Schafer/MP; 29, Kevin Schafer/MP; 30-31, Arto Hakola/Alamy; 32-33, PA Images/Alamy; 33, jspix/GI; 34-35, Kevin Schafer/MP; 36, Dave Watts/NPL/MP; 37 (unten), Christian Ziegler/NGC; 37 (oben), Edwin Giesbers/NPL/MP; 38-41, (Background), win7/Shutterstock; 38-39, Mark Moffett/MP; 40-41, Mark Moffett/MP; 41, Mark Moffett/MP; 42, Christophe Courteau/NPL/MP; 43 (oben), ZSSD/MP; 43 (unten), Pete Oxford/MP; 44-45, Pete Oxford/MP; 46 (unten), James Christensen/MP; 46 (oben), Konrad Wothe/MP; 47 (oben links), Mark Moffett/MP; 47 (oben rechts), Konrad Wothe/MP; 47 (unten links), karthik photography/GI; 47 (unten rechts), Premaphotos/MP; 48-49, Steve Winter/NGC; 50, Pan Xunbin/Shutterstock; 50-51, Kevin Elsby/FLPA/MP; 52, blickwinkel/Alamy; 53, blickwinkel/Alamy; 54, Roland Seitre/MP; 55, Roland Seitre/MP; 56, Alex Hyde/MP; 56-57, Pete Oxford/MP; 58, Thomas Marent/MP; 59, Kim Taylor/MP; 60, Alex Hyde/MP; 61, Thomas Marent/MP; 62, drferry/GI; 63, Snowleopard1/GI; 64, Luciano Candisani/MP; 65, Sergio Pitamitz/NGC; 66, Kris Wiktor/Shutterstock; 67 (unten Mitte), Leonardo Mercon/Shutterstock; 67 (oben), The Hungry Aperture/Shutterstock; 67 (unten links), Rod Williams/NPL/MP; 67 (unten rechts), Arco Images GmbH/Alamy; 68, Tim Laman/Nature Picture Library; 69, Daniel Heuclin/Nature Picture Library; 70, Oliver Geiseler/MP; 71, Foto593/Shutterstock; 72-73, Panoramic Images/GI; 73 (oben), Christian Ziegler/MP; 74-75, Konrad Wothe/MP; 76, alekseiglu/GI; 77, Wolfgang Kaehler/GI; 78, Mark Bowler/Nature Picture Library; 79, Juan Carlos Muñoz/GI; 80, Kevin Schafer/GI; 81 (oben rechts), Thomas Marent/MP; 81 (unten rechts), Thomas Marent/MP; 81 (unten links), Danita Delimont/GI; 81 (oben links), Sara Berdon/Shutterstock; 82, pigphoto/GI; 83, Auscape/GI; 84-85, Nick Garbutt/NPL/MP; 86, Nick Garbutt/NPL/MP; 87, David Seawell/Alamy; 88-89, Roy Toft/NGC; 90, Suzi Eszterhas/MP; 91 (unten), Michael and Patricia Fogden/MP; 91 (oben), Suzi Eszterhas/MP; 92-93, marcophotos/GI; 94-95, Mitsuaki Iwago/MP; 96, Thomas Marent/MP; 97 (oben), Anup Shah/GI; 97 (unten), Gudkov Andrey/Shutterstock; 98-99, by toonman/GI; 99 (unten), Snowleopard1/GI; 100, Konrad Wothe/MP; 101, Martin Willis/MP; 102, Des Ong/FLPA/MP; 103, kajornyot wildlife photography/Shutterstock; 104-105, Paul Souders/GI; 105, Christian Ziegler/MP; 106-107, Winfried Wisniewski/MP; 108, Barry B. Doyle/GI; 109, Murray Cooper/MP; 110 (unten), François Gilson/Biosphoto; 110 (oben), Bristol City Museum/NPL/MP; 111, Jodi Jacobson/GI; 112, Dobermaraner/Shutterstock; 113 (unten links), Martin Willis/GI; 113 (oben rechts), BSIP/UIG via GI; 113 (oben links), Konrad Wothe/MP; 113 (unten rechts), George Grall/NGC; 114, Konrad Wothe/MP; 115, Dirk Freder/GI; 116, OGphoto/GI; 117 (oben rechts), Joel Sartore/NGC; 117 (unten rechts), EcoVentures-Travel/GI; 117 (unten links), Teiman/Shutterstock; 117(oben links), sompreaw/Shutterstock; 118 (unten links), Chien Lee/MP; 118 (oben links), Paul Harris/GI; 118 (rechts), iFerol/Shutterstock; 119, Cyril Ruoso/MP; 120, Anton_Ivanov/Shutterstock; 121, Panoramic Images/GI; 124, Alexander Mazurkevich/Shutterstock; 125 (unten), alekseiglu/GI; 128 (unten Mitte), Leonardo Mercon/Shutterstock

**FÜR MEINE NICHTEN ALEXANDRA UND EMILY,
DIE NOCH SCHÖNER SIND ALS DER REGENWALD – MRD**

Titel der Originalausgabe: *First Big Book of the Rain Forest*

Deutsche Ausgabe veröffentlicht von:

WS White Star s.r.l. Mailand, 2019

Lizenznehmer von: National Geographic Partners, LLC.

ISBN 978-88-540-4075-5
1 2 3 4 5 6 23 22 21 20 19

Gedruckt von Rotolito S.p.A. - Seggiano di Pioltello (MI), Italien

Übersetzung: Dagmar Brenneisen

Design: Nicole Lazarus

Der besondere Dank des Herausgebers gilt dem Umweltschützer Dr. Thomas Lovejoy an der George Mason University, Department of Environmental Science and Policy, für seine sachkompetente Prüfung dieses Buches sowie der Forscherin Michelle Harris für ihre wertvolle Unterstützung bei diesem Projekt.